# TERAA AE KO TEI N OKORO IAI?

Te korokaraki iroun Chloe Lim
Te korotaamnei iroun Kimberly Pacheco

Library For All Ltd.

E boutokaaki karaoan te boki aio i aan ana reitaki ae tamaaroa te Tautaeka ni Kiribati ma te Tautaeka n Aotiteeria rinanon te Bootaki n Reirei. E boboto te reitaki aio i aon katamaaroaan te reirei ibukiia ataein Kiribati ni kabane.

E boreetiaki te boki aio iroun te Library for All rinanon ana mwane ni buoka te Tautaeka n Aotiteeria.

Te Library for All bon te rabwata ae aki karekemwane mai Aotiteeria ao e boboto ana mwakuri i aon kataabangakan te ataibwai bwa e na kona n reke irouia aomata ni kabane. Noora libraryforall.org

Teraa ae ko tei n okoro iai?

E moan boreetiaki 2022
E moan boreetiaki te katootoo aio n 2022

E boreetiaki iroun Library For All Ltd
Meeri: info@libraryforall.org
URL: libraryforall.org

Te korotaamnei iroun Kimberly Pacheco

Atuun te boki Teraa ae ko tei n okoro iai?
Aran te tia korokaraki Lim, Chloe
ISBN: 978-1-922849-47-2
SKU02278

# TERAA AE KO TEI N OKORO IAI?

Ko a tia n iangoia bwa e aera ko kaokoro ma aomata ake tabeman? E kona ni kuneaki i nanon rabwatam te kaeka nakon aei.

Iai taian tiaaero i nanon rabwatam, a mwaiti riki mwaitiia nakon itoin karawa! Taian tiaaero aikai a bon rangi ni uarereke, a uarereke n ai aron mmwammwan te bubu.

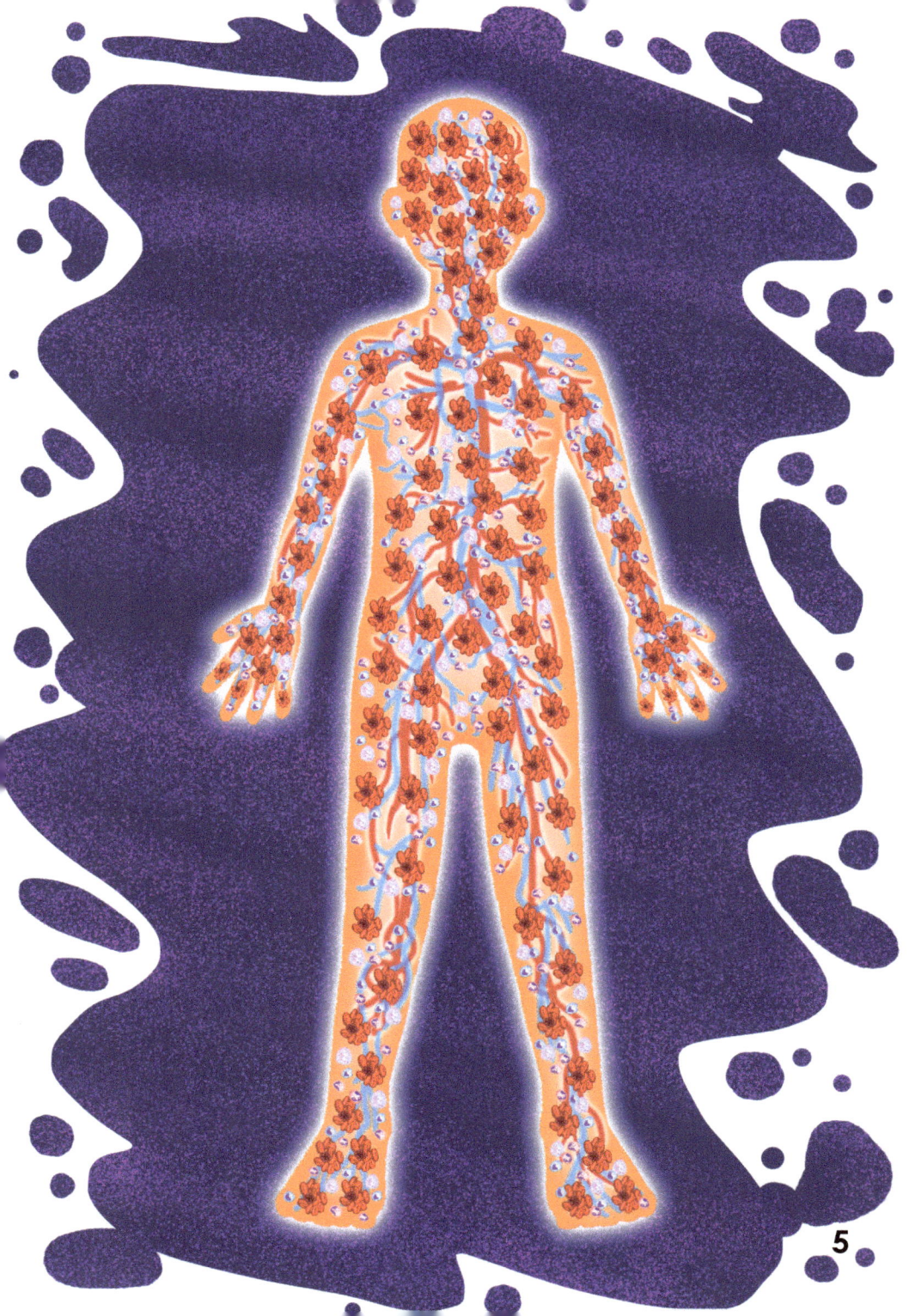

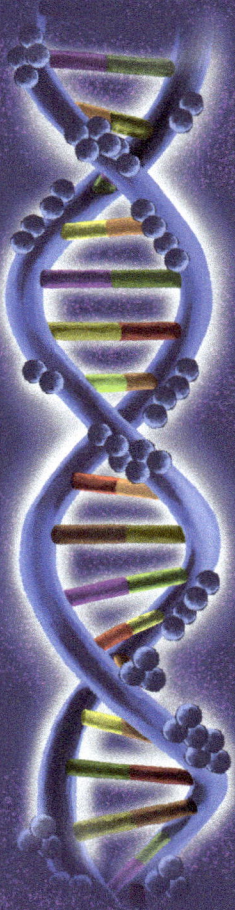
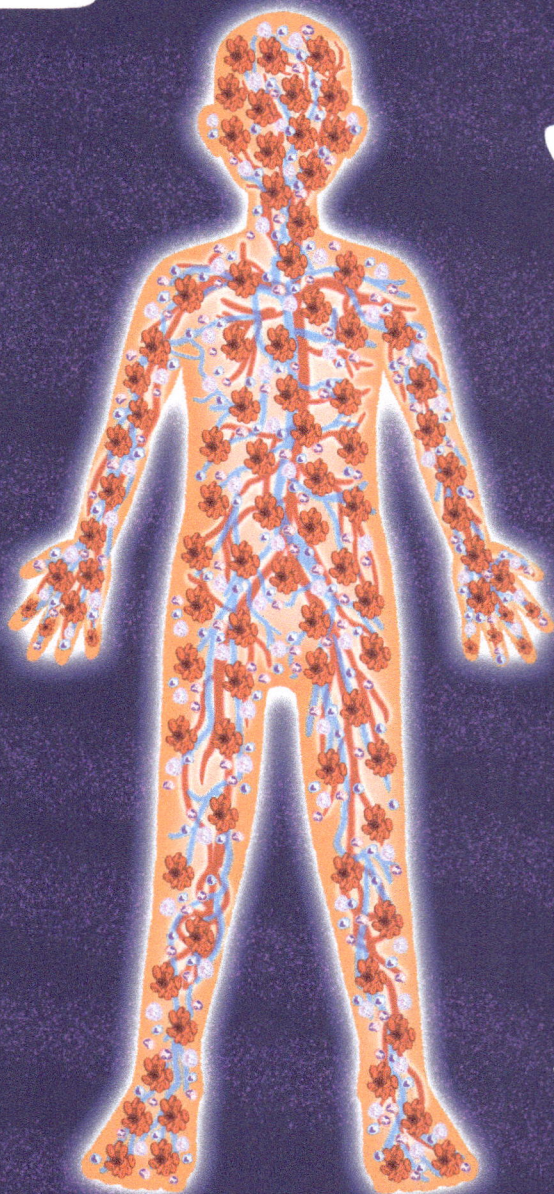

Bon iai te DNA i nanon te tiaaero teuana ma teuana. E bon rangi n anaanau te DNA ma e niiniiria n ai aron te booro ae koomakiiaki ao a riki bwa tiaaero aika uarereke.

Bon te tia kaira rabwatam te DNA!
E kaboonganaa rabwatam bwa kaanga ana mwabe. Kaanga ai aron taian ware ni karaba are e tuangii taian tiaaero n rabwatam bwa teraa ae a na karaoia.

Ma e reke mai iaa am DNA?

E bon riki te DNA man karikam. A bon reke mai irouiia tamam ao tinam taian tiini aikai.

A kona ni kabootauaki tiini ma te tiwiti are e kona ni kamaiuaki ao e kona naba ni kamateaki. Antai ae ko katootoongnga, tamam ke tinam? Tao e tiitebo bwairim ma bwairin tamam ao iram ma iram tnam?

Teraa karan iram? Aekakira karan matam? A riki karan matam man am tiini aika maiu.

A bon okoro am DNA ma am ware ni karaba. A bane ni iai aia ware ni karaba aika kaokoro aomata ni kabane. Ngaia ae a kaokoro iai ma ngkoe.

N tabetai, iai naba kaairuan
te DNA! E kona ni karika te
kangaanga n rabwatara
ke ni kaorakiira rikin aio.

A kona n ataia taan rabakau bwa teraa ae e riki n ara DNA ao a kona naba ni buokiira bwa ti na marurung.

A bon bane ni kakaokoro ara DNA ao am DNA ngaia ae ko tei n okoro iai.

# Ko kona ni kaboonganai titiraki aikai ni maroorooakina te boki aio ma am utuu, raoraom ao taan reirei.

Teraa ae ko reiakinna man te boki aio?

Kabwarabwaraa te boki aio.
E kaakamanga? E kakamaaku?
E kaunga? E kakaongoraa?

Teraa am namakin i mwiin warekan te boki aio?

Teraa maamaten nanom man te boki aei?

Karina ara burokuraem ni wareware
getlibraryforall.org

# Rongorongon te tia korokaraki

Bon te tia kekeri ibukin bwainnaoraki ao katoki aoraki Dr Chloe (Pek Siew) Lim ao e a tia naba n reke ana PhD ma n te Medical Science man te Australian National University. E karaoa ngkai ana kataneiai i aon te kaentia n te mmamma ao e a tia naba ni koroi ana rongorongo i aon kukune aika a boou, kawai ao kainibaaire. E rangi n tangiria bwa a na ataia aomata ni kabane bwa e kangaa ni mmwakuri rabwataia, ao teuana naba bwa a na ataia bwa e na kangaa te enwaronmenta ni bita mmwakurin aia tiini. E maeka Chloe i Canberra Aotiteeria ma buuna, natina aika teniman (temanna te mmwane ao natina bweebwe aika aine), ao ai bon ana kamea ae arana Tilly.

# Ko kukurei n te boki aei?

Iai ara karaki aika a tia ni baarongaaki aika a kona n rineaki.

Ti mwakuri n ikarekebai ma taan korokaraki, taan kareirei, taan rabakau n te katei, te tautaeka ao ai rabwata aika aki irekereke ma te tautaeka n uarokoa kakukurein te wareware nakoia ataei n taabo ni kabane.

# Ko ataia?

E rikirake ara ibuobuoki n te aonnaaba n itera aikai man irakin ana kouru te United Nations ibukin te Sustainable Development.

www.ingramcontent.com/pod-product-compliance
Lightning Source LLC
Chambersburg PA
CBHW040317050426
42452CB00018B/2883